O NOVO CADUCEU DE MERCÚRIO

O APOCALIPSE DA NOVA ERA

CINCO CONFERÊNCIAS DE RENOVAÇÃO DE AQUARIUS

POR

J. VAN RIJCKENBORGH

E

CATHAROSE DE PETRI

I BILTHOVEN 1963
II CALW 1964
III BAD MÜNDER 1965
IV BASILEIA 1966
V TOULOUSE 1967

O NOVO CADUCEU DE MERCÚRIO

O APOCALIPSE DA NOVA ERA V

QUINTA CONFERÊNCIA DE RENOVAÇÃO DE AQUARIUS
TOULOUSE, FRANÇA 1967

POR

J. VAN RIJCKENBORGH

E

CATHAROSE DE PETRI

Série Apocalipse
VOLUME V

LECTORIUM ROSICRUCIANUM

2013

TÍTULO ORIGINAL:
De nieuwe mercuriusstaf

2013

IMPRESSO NO BRASIL

LECTORIUM ROSICRUCIANUM
ESCOLA INTERNACIONAL DA ROSACRUZ ÁUREA

Sede Internacional
Bakenessergracht 11-15, Haarlem, Holanda
www.rozenkruis.nl

Sede no Brasil
Rua Sebastião Carneiro, 215, São Paulo, SP
www.rosacruzaurea.org.br

Sede em Portugal
Travessa das Pedras Negras, 1, 1.º, Lisboa, Portugal
www.rosacruzlectorium.org

Dados Internacionais de Catalogação na Publicação (CIP)
(Câmara Brasileira do Livro, SP, Brasil)

Rijckenborgh, J. van, 1896–1968.
O novo caduceu de Mercúrio / por J. van Rijckenborgh e Catharose de Petri ; [tradução equipe de tradutores do Lectorium Rosicrucianum]. – Jarinu, SP : Lectorium Rosicrucianum, 2013. – (O Apocalipse da nova era ; v. 5)

Título original: *De nieuwe mercuriusstaf*
ISBN: 978-85-62923-18-0

1. Rosacrucianismo — Discursos, ensaios, conferências
2. Revelação I. Petri, Catharose de. II. Título. III. Série.

13-05460 CDD–135.43

Índices para catálogo sistemático:

1. Rosa-Cruz : Ordem : Ciências ocultas 135.43
2. Rosacrucianismo : Conferências : Ciências ocultas 135.43

Caixa Postal 39 — 13.240-000 — Jarinu — SP — Brasil
Tel. (11) 4016.1817 — FAX (11) 4016.3405
www.pentagrama.org.br
livros@pentagrama.org.br

Sumário

Prefácio

Para continuar a decisão tomada em 1963 de publicar *O Apocalipse da nova era* em uma série de sete volumes, correspondendo às sete Conferências de *Aquarius*,[1] com seu conteúdo na íntegra, apresentamos neste volume o texto integral da quinta Conferência de *Aquarius*, realizada em julho de 1967, em Toulouse, na França.[2]

Para o homem buscador, o conteúdo quase não necessita esclarecimento: o desenvolvimento do mundo e da humanidade, que já anunciávamos há anos e para o qual nossas publicações apontam com ênfase, está prestes a tornar-se realidade de modo irresistível. Ele testemunha, em ritmo cada vez mais angustiante, da miséria da impiedade, na qual o ser humano se encontra devido à sua cegueira e à falta de verdadeiro conhecimento.

Em conexão com a marcha progressiva da crise do mundo e da humanidade, marcha extremamente veloz, este volume de nossa série também aponta para o que está por vir e qual é o único caminho para a solução. Na angústia crescente de nossa época cheia de

---

[1] Devido ao falecimento de Jan van Rijckenborgh em 1968, as duas últimas conferências de *Aquarius* não foram realizadas (N.E.).

[2] Jan van Rijckenborgh e Catharose de Petri também realizaram esta conferência no Brasil, em Águas de São Pedro, São Paulo, de 30 de setembro a 3 de outubro de 1967 (N.E.).

perigos, possam os olhos de muitos ainda abrir-se a tempo, a fim de que eles possam agarrar as possibilidades libertadoras contidas no Apocalipse de nossos tempos.

Catharose de Petri
J. van Rijckenborgh

I

A influência de *Serpentarius* e *Cygnus*

Abertura

Gostaríamos de iniciar este serviço templário com as palavras escritas pelo falecido senhor Antonin Gadal, e muitas vezes proferidas por ele: "Irmãos e Irmãs, que as belas consolações de Belém sejam derramadas sobre todos vós". Amém.

No livro *No caminho do Santo Graal,*[3] escrito por Antonin Gadal, lemos:

> "Se digno for, eu mesmo sou o templo racional de Deus. Jesus Cristo, seu Filho, é a imagem viva de uma majestade vivente. Uma alma instruída na Verdade é seu altar. E a honra e os sacrifícios que a Ele devemos prestar consistem unicamente em simples e puras orações." Amém.

> "Ó Cristo, ó divino Mestre, conservei os três elementos da perfeição:

[3]Gadal, A. *No caminho do Santo Graal.* 3. ed. Jarinu: Rosacruz, 2004.

a pureza da mão,
a pureza da boca,
a pureza do coração."
Amém, sim, Amém.

Rito

No Gênesis, capítulo 31, versículos 44 a 51, lemos:

> "Labão disse a Jacó: agora, pois, vem e façamos uma aliança, eu e tu, que seja por testemunho entre mim e ti. Então tomou Jacó uma pedra, e a erigiu como coluna. E disse a seus irmãos: Ajuntai pedras. Tomaram, pois, pedras e fizeram um montão, e comeram ali sobre aquele montão. E Labão chamou-lhe com um nome caldeu, *Jegar-Saaduta,* que significa montão do testemunho; Jacó, porém, deu-lhe o nome hebreu *Galaad;* cada um segundo o uso correto de sua língua.
>
> Então, disse Labão: Este montão seja, hoje, por testemunha entre mim e ti; por isso foi chamado *Galaad,* que quer dizer o montão do testemunho. E ele acrescentou, dizendo: Atente o Senhor entre mim e ti, quando nós estivermos apartados um do outro. [...]
>
> Disse mais Labão a Jacó: Eis aqui este mesmo montão, e eis aqui esta coluna que levantei entre mim e ti." Amém.

Com essa citação do Gênesis, esperamos ter encontrado o foco central para garantir o bom êxito do trabalho a ser realizado com os alunos do Lectorium Rosicrucianum durante esta quinta Conferência de *Aquarius.*

O montão do testemunho foi igualmente erigido pela jovem Fraternidade gnóstica em Ussat-les-Bains, no vale do rio Ariège, na França, no dia 5 de maio de 1957. Assim, há dez anos, o Lectorium Rosicrucianum estabeleceu a grande aliança com todos os predecessores da magna Corrente de Fraternidades. E, até o presente, a jovem Fraternidade gnóstica, vencendo todos os obstáculos, tem provado sua fidelidade a Cristo e sua Fraternidade.

Por isso, somos imensamente gratos a Deus — cujo poder e força estão manifestados na Fraternidade da Vida e por meio dela, na Escola Espiritual da jovem Gnosis e seu grupo de alunos — por ter tornado possível a realização desta quinta Conferência de *Aquarius*.

Assim como outrora os perfeitos, os puros da corrente de fraternidades gnósticas de todos os tempos, tiveram de vivenciar o processo de libertação e esforçar-se por ele, assim também, nos dias atuais, o mesmo é válido para todos os alunos sérios do Lectorium Rosicrucianum.

Durante os últimos meses, manifestou-se uma imensa atividade entre os alunos-obreiros da Escola Espiritual, tanto no âmbito espiritual como no material, com o intuito de preparar a quinta Conferência de *Aquarius*, no ano de 1967, na cidade de Toulouse.

O novo céu e a nova terra revelar-se-ão, e não apenas para os perfeitos, mas para todos os que querem pertencer à Gnosis. Se a jovem Fraternidade gnóstica puder contribuir para isso por meio de seu trabalho e esforço, então a obra dos que são verdadeiramente viventes será de novo cumprida. E quem dá testemunho disso diz, do âmago de seu ser e de modo absoluto: “Sim! Amém”.

Assim, então, foi escrita a página de preparação do Grande Livro da jovem Gnosis. E agora, se Deus quiser, essa página será virada, para iniciarmos neste momento uma página totalmente nova, com a firme decisão interior:

de ser fiel a Deus,
de ser fiel à Fraternidade da Vida,
de ser fiel à jovem Fraternidade gnóstica, que se manifesta no Lectorium Rosicrucianum e por meio dele, até que um dia o grande sinal, o sinal do testemunho, seja erigido em cada um de nós. Então, tudo o que for proferido nesta quinta Conferência de *Aquarius* de 1967, no sul da França, tornar-se-á mais uma vez uma poderosa realidade. Amém.

Primeira alocução

Gostaríamos de iniciar esta quinta Conferência de *Aquarius* repetindo o que durante os últimos meses muitas vezes já foi mencionado em nossas alocuções, ou seja, que numerosas forças e correntes eletromagnéticas, provindas do espaço, acumularam-se nas regiões próximas a nosso planeta e já entraram em ligação com o campo magnético terrestre.

Essa situação chegou a uma fase muito crítica. Por isso, não podemos de maneira alguma deixar, uma vez mais, de dirigir vossa atenção para isso. Queremos, agora, fazer acompanhar essa informação preventiva com uma declaração que foi feita na *Confessio Fraternitatis R.C.*:

> "A fim de anunciar sua vontade, Deus já enviou mensageiros, ou seja, estrelas que surgiram em *Serpentarius* e *Cygnus*. Como grandes sinais de seu conselho sublime, elas de fato podem ensinar-nos o quanto sua escrita secreta, em

> ligação com as descobertas do espírito humano, seria útil, a fim de que o Livro da Natureza fosse pelo menos aberto e desvendado diante de todos os olhos, embora poucos em geral sejam capazes de lê-lo ou compreendê-lo".

Se compreendêsseis perfeitamente qual é a intenção dessa comunicação dos Irmãos da Rosa-Cruz, então saberíeis que essa Fraternidade já ultrapassou, de algumas centenas de anos, o nível mais elevado dos melhores cientistas de nossa época e, além disso, desenvolve poderes que estão muito acima de todas as capacidades humanas conhecidas. Vamos acompanhar de perto esses sublimes mensageiros.

Os autores da *Confessio Fraternitatis R.C.* já nos informavam, no capítulo 8 desse texto, saberem seguramente que aquilo que eles ainda deviam conservar em segredo, ou que, no máximo, podiam comunicar de modo muitíssimo velado, tornar-se-ia claro para toda a humanidade, "o que acontecerá em um espaço de tempo acelerado e que será abreviado, após o mundo ter despertado da embriaguez causada por sua taça cheia de venenos e soporíferos".

O que essas palavras significam? Sabemos, como homens modernos, que *Serpentarius* e *Cygnus* são dois sistemas de nebulosas. Para nossa compreensão, eles são inimaginavelmente grandes e movem-se com velocidade igualmente inimaginável pela matéria primordial, como grandes purificadores e divinos corretores de violações na e da manifestação universal. Pelo menos essa é uma das suas funções.

Os rosa-cruzes clássicos estavam perfeitamente informados das tarefas de *Serpentarius* e *Cygnus.* Eles sabiam também que a humanidade tinha chegado ao fim de sua viagem através da natureza da morte, e que o ponto mais profundo do nadir fora quase atingido. Por conseguinte, devido à concentração das forças do nadir, a humanidade toda, que já não encontrava nenhum progresso natural, mergulhou numa escuridão cada vez mais densa e espessa, mergulhou em um estado de sono psíquico, o que causou degeneração e perda completas da compreensão, da razão e da capacidade de reagir ao plano divino.

Compreendereis que, antes que esse ponto fatal fosse atingido, tudo foi feito no mundo para evitar esse período de sono mortal. Impulsos religiosos, com profunda base filosófica, dirigiram-se à humanidade inteira. Mensageiros foram enviados a fim de, nesta era, instruir e indicar a senda, o verdadeiro caminho de salvação, a todos os povos e raças, antes que o critério dos tempos chegasse. E veio o maior salvador que já apareceu entre os homens, Jesus, que trazia o Cristo, para revelar sua mensagem de salvação e confirmá-la no tempo.

Contudo, havia também, claramente visível, o grande adversário, o grande traidor, o anticristo. Ele trouxe e desenvolveu o primeiro veneno no meio da humanidade que se aproximava desse tão perigoso exame dos tempos. Ele levou o cálice venenoso e embriagante aos lábios dos que eram susceptíveis e causou, assim:

1. o sono do engano no santuário da cabeça da humanidade;
2. a paralisação do processo dos sentimentos do coração;
3. a degeneração do organismo sensorial;
4. a degeneração do sistema endócrino.

Em suma, um conjunto de efeitos de um desenvolvimento absolutamente errado, que deveria resultar em uma desnaturação do fogo serpentino humano, com todas as consequências.

O conteúdo do cálice de veneno que causava o sono profundo era o estado ilusório que se tem o hábito de chamar de atual desenvolvimento cultural da humanidade, um "sono" que agora está para findar, inicialmente de modo muito assustador, muito cruel e até mesmo muito dramático.

Durante o período do estado de sono da humanidade, que acabamos de descrever, desenvolveram-se em todo o mundo uma diretriz e uma movimentação intelectual, material e psíquica extremamente funestas.

Elas têm causado grande dano a nosso cosmo, ao próprio campo de vida de toda a humanidade e à atmosfera de nosso cosmo, em consequência do qual também o campo de respiração se converteu em um estado muito venenoso. O reino animal está extinguindo-se, o mesmo acontece com o reino vegetal, e o reino humano é afligido por graves enfermidades. Em suma, nosso planeta inteiro, com todos os seus habitantes, chegou a um estado de grave degeneração, um estado de tamanha seriedade, que ele ameaça tornar-se uma completa anormalidade, uma dissonância na manifestação universal.

Ficará claro que tudo isso não representa um perigo somente para nosso mundo e para nossa humanidade (o que aqui e acolá já se começa a compreender, o que prova que a humanidade está despertando), mas também que tudo isso deve causar grande desarmonia no sistema solar, uma perturbação na ordem universal.

Essa aflição será igualmente sentida até mesmo em vastíssimos arredores fora do sistema solar. Não é difícil compreender que a destruição de um corpo de Deus – que é um planeta – significa a destruição de todos os corpos de Deus, significa a destruição da manifestação universal inteira. Eis porque os grandes sinais de *Serpentarius* e *Cygnus* entraram em poderosa movimentação, conforme já nos foi predito na *Confessio Fraternitatis* da Fraternidade da Rosa-Cruz.

Quais são as correções purificadoras que nos esperam em relação a nosso planeta? Eis uma pergunta à qual um aluno de uma escola espiritual busca uma resposta imediata.

Já vos dissemos que *Serpentarius* e *Cygnus* são dois sistemas de nebulosas que se precipitam com imensa velocidade através do espaço e fazem valer suas influências por todos os lugares onde entram em contato com outros corpos celestes – quer em sentido positivo, quer em sentido negativo – construindo ou destruindo, conforme a necessidade. Os astrônomos têm observado que *Serpentarius* e *Cygnus* puseram seus campos de irradiação em contato com o campo terreno. Portanto, *Serpentarius* e *Cygnus* já fizeram valer suas influências em nosso campo de vida: elas se tornaram atuais!

E, agora, perguntamos: qual é seu objetivo? A resposta é evidente: purificação! Essa purificação começa no campo eletromagnético da terra – que é sua parte mais externa. Em dado momento, esse aspecto mais externo mescla-se aos aspectos mais externos de nossa atmosfera, ou seja, sucessivamente à:

1. esfera da vida astral;
2. esfera do éter refletor;
3. esfera do éter luminoso;
4. esfera do éter vital;
5. esfera do éter químico.

E, finalmente, tudo isso entra no mundo material com todos os seus aspectos.

Provavelmente conheceis a ação de um campo de irradiação eletromagnético. Logo que tal campo tenha tocado as periferias extremas de determinado corpo, a força de irradiação penetrará diretamente até o núcleo desse corpo, até seu ser mais interno. Com isso queremos dizer que atualmente as influências de *Serpentarius* e *Cygnus* são sentidas até o núcleo de nossa terra por tudo e por todos os que pertencem a este campo terreno. Em outras palavras: uma vez que o toque dos campos de irradiação de *Serpentarius* e *Cygnus* intervém corrigindo e tenciona executar uma purificação, já desde o início do processo a humanidade é tocada.

Esse processo cresce em poder e atividade, à medida que a irradiação penetra cada vez mais, até chegar ao núcleo do nosso planeta, fortalecendo desse modo, e de maneira muito dinâmica, os intuitos do plano do Logos. Numerosos fenômenos, que se apresentam atualmente em nosso campo de vida, são totalmente explicados por essa atividade de radiação. Pensai, por exemplo, nas tensões nervosas sempre crescentes, que afligem todos os homens no mundo inteiro. Elas se explicam completamente por esse processo. Com o recuo das forças lunares, das quais já vos falamos anteriormente,[4] esse processo conduz rapidamente para uma crise, na qual o ser humano ou muda no sentido regenerativo ou descamba para uma anormalidade sem limites que logo levará a uma completa aniquilação.

Poder-se-ia perguntar: "Como falar de uma mudança para melhor, em meio a tensões tão extremamente carregadas?"

Talvez seja de vosso conhecimento que o santuário da cabeça do ser humano é, entre outras coisas, o ponto de concentração de radiações astrais. Em seguida, o nível qualitativo dessas substâncias astrais determina a esfera de ação das forças etéricas do ser humano, determina sua capacidade de trabalho e sua natureza,

---

[4] Rijckenborgh, J. van; Petri, C. de. *A senda libertadora da Rosa-Cruz,* Jarinu: Lectorium Rosicrucianum, 2012. p. 49.

em suma: sua qualidade. Caso o ser humano possua faculdades anímicas verdadeiras e puras e, portanto, nele estejam presentes força-alma, luz-alma e, sobretudo, vida-alma, então ele assimila uma substância astral elevada e pura que não se origina de seu campo de vida comum, mas é captada de modo supranormal.

Quando já se encontra inteira ou parcialmente em semelhante estado, o ser humano produz, mediante transmutações alquímicas, entre outras coisas, um éter luminoso particularmente puro no santuário da cabeça.

Entre outras funções, o éter luminoso serve para cuidar e manter as faculdades e os órgãos sensoriais do ser humano. Assim, podereis compreender claramente que alguém que se encontra nesse estado de ser – portanto, um ser humano em quem, mediante atitude de vida, se desenvolve uma nova alma purificada – não receberá a radiação de *Serpentarius* e *Cygnus* como aflição, como correção ou como castigo, mas sim como auxílio intenso; como uma força que irá acelerar, enormemente, o processo de ampliação e refinamento sensorial, no qual são quebradas as resistências da natureza comum.

Assim, agora podereis compreender que todo esse processo natural, que está começando em nossa época, atua de modo muito acelerado para uma ressurreição ou para uma queda. Agora ficará provado se fizestes uso positivo ou negativo das oportunidades que Deus vos deu; se vós, em virtude de vosso estado de ser humano, utilizastes ou estais ocupados em utilizar as possibilidades que possuís.

Oração final

Quais copiosas e puras torrentes,
quais raios de ouro e de prata,
quais meridianos de força luminosa,
que convidam o aluno para a festa nupcial,
todo o ser é preenchido pela força divina,
que revela, em ondas rítmicas,
todo o poder do bailado sagrado
do qual falavam os antigos.

Vinde! Participai do bailado
em esfera santificada
e dirigi-vos à casa do sol. Amém.

Celebrai de novo a realeza
E bebei da fonte eterna. Amém.

Irmãos e Irmãs,

A Fraternidade do Graal
está preparada para,
no presente vivo, em amor,
ir de novo aos que sofrem e,
disposta ao sacrifício,
lutar valorosamente pela nova aurora. Amém.

2

O NOVO FLUIDO ASTRAL E SEUS EFEITOS

Abertura

Esperamos, e oramos para isso, poder encontrar-nos mutuamente perante a face do Espírito Universal Sétuplo, na comunidade da rosa e da cruz. Amém.

Oração

De nosso coração agradecido
irradia nossa prece ao santo Logos tríplice
para que nos auxilie em todos os nossos esforços:
para compreendermos o sentido profundo desta conferência,
para intensificar, tanto quanto possível,
a dinâmica de nosso anseio pela consciência da alma;
para estimular em nós a autorrendição à alma,
para estarmos inteiramente abertos à nova atitude de vida,
a fim de que, desse modo,
como homens contemplativos conscientes,
possamos ingressar no corpo-vivo magnético da Escola Espiritual.

Ó sublime Hierarquia da Graça, nossa íntima prece
é que possamos contemplar profundamente
os caminhos que levam à transfiguração. Amém.

Rito

Enquanto os homens não se compenetrarem de que o homem-alma, que agora ainda vive na antiga casa joanina nascida da natureza, deve manifestar-se plenamente, eles permanecerão, como nascidos da natureza, sendo uma mistura, uma mescla de bem e mal. Qual inextricável emaranhado, essas forças gêmeas da natureza estão presentes em todas as situações da vida. As consequências são grande cansaço, embotamento da compreensão, enfermidade, cristalização e morte. As consequências são inevitáveis, e mais do que correta prova ser a advertência clássica: "Mas da árvore do conhecimento do bem e do mal, dela não comerás; porque no dia em que dela comeres, certamente morrerás". A Gnosis de todos os tempos sempre confrontou seus alunos com essa advertência mediante fatos.

Quando esse problema é encarado em sua totalidade, é evidente que um aluno sério se perguntará: "É realmente possível afastar-se das forças gêmeas da natureza dialética, e obrigar o plexo sacro, a raiz do sistema do fogo serpentino, a receber no corpo outras forças de luz, as forças de luz divinas das sete correntes primordiais?" Sim, amigos, isso é possível! A Gnosis encontra sua força nessa possibilidade.

Em nossa Escola Interna falamos frequentemente aos alunos sobre as sete correntes primordiais que dimanam do Pai. Essas sete correntes primordiais do Logos não apresentam uma mescla de bem e mal, de luz e trevas. Elas são onipresentes e imutáveis em sua manifestação de força. Se nossa Escola Espiritual tiver êxito em levar seus alunos a viver dessa Força Sétupla universal, então irradiará do grupo uma nova força muito notável, uma força não terrena. Essa força será como um alimento, um alimento santo, um maná branco e puro, que diariamente será produzido a serviço de todos nos campos de vida.

É nisto que consiste o segredo da magia gnóstica: irradiar força-luz de composição não terrena, graças ao fato de os obreiros e obreiras, que elevam esses archotes de luz através das trevas da natureza da morte, terem liberado seu sistema fogo-serpentino para a descida do Espírito Universal Sétuplo. Amém.

Apocalipse, capítulo 7, versículos 9 a 17:

> "Depois destas coisas olhei, e eis uma grande multidão, a qual ninguém podia contar, de todas as nações, e tribos, e povos, e línguas, que estavam diante do trono, e perante o Cordeiro, trajando vestes brancas e com palmas nas suas mãos; e clamavam em grande voz, dizendo: 'Salvação ao nosso Deus, que está assentado no trono, e ao Cordeiro'.
>
> E todos os anjos estavam ao redor do trono, e dos anciãos, e dos quatro animais, e prostraram-se diante do trono sobre seus rostos, e adoraram a Deus, dizendo: 'Amém. Louvor, e glória, e sabedoria, e ação de graças, e honra, e poder, e força a nosso Deus, para todo o sempre. Amém'.
>
> E um dos anciãos me falou, dizendo: 'Estes, que estão trajando vestes brancas, quem são, e de onde vieram?' E eu disse-lhe: 'Senhor, tu o sabes'. E ele me disse: 'São estes os que vieram da grande tribulação, e lavaram as

suas vestes e as alvejaram no sangue do Cordeiro. Por isso, estão diante do trono de Deus, e o servem de dia e de noite no seu templo; e aquele que está assentado sobre o trono os cobrirá com a sua sombra. Nunca mais terão fome, nunca mais terão sede, nem sol, nem ardor algum cairá sobre eles, porque o Cordeiro, que está no meio do trono, os apascentará, e lhes servirá de guia para as fontes da água da vida, e Deus enxugará de seus olhos toda a lágrima'". Amém.

Segunda alocução

Depois do que expusemos na primeira alocução, ficará claro quão incalculavelmente importante é conhecer de modo positivo qual a base da atitude de vida de alguém. Em sentido geral isso é evidente, mas agora, na conjuntura atual, é uma necessidade premente, pois as experiências mais imediatas da vida humana dependem inteiramente disso.

Já dissemos que as irradiações de dois campos eletromagnéticos, quando se tocam, são tais que as do campo mais forte penetram diretamente até o núcleo do campo mais fraco.

Ao longo de semelhantes novas linhas de força, os seguintes campos, tanto os da terra quanto os do ser humano, são sucessivamente conquistados e transformados quanto à sua natureza:

a. o campo astral;
b. o campo etérico refletor;
c. o campo etérico luminoso;
d. o campo etérico vital;
e. o campo etérico químico.

Quando examinardes essa linha de desenvolvimento, ficará claro que todos os seres humanos sentem e experimentam o início dessa série de influências das duas maneiras já mencionadas. Por isso, a humanidade move-se claramente em duas direções opostas.

Ora, há quase três anos, a saber, em agosto de 1964, a humanidade entrou em nova e grande comoção. De um lado, parte da humanidade mostrava uma tentativa, que rapidamente crescia em força, de realizar uma renovação espiritual geral, com todas as consequências. De outro lado, manifestava-se, em outra parte da humanidade, veemente oposição a qualquer renovação. Para ater-nos, por exemplo, ao âmbito da Escola Espiritual, essa iniciativa de renovação era vista como uma tentativa de arrastar os alunos para dentro de um círculo de obreiros. Isso os aprisionaria na prática de um comportamento em conflito com os princípios humanitários elementares, como, por exemplo, a liberdade pessoal de opinião. A esse respeito talvez fosse bom relerdes mais uma vez nossa publicação *A veste-de-luz do novo homem.*[5]

Queremos fazer-vos ver, claramente, que as primeiras influências do campo corretivo de *Serpentarius* e *Cygnus* já estão tocando o mundo. Em 1964, elas começaram sua influência de modo muito perceptível, tanto em sentido positivo, como em sentido negativo, sobretudo na Escola Espiritual. Nos três anos seguintes, em 1965, 1966 e 1967, desenvolveu-se o novo processo de vida, ao qual a humanidade agora está sujeita. É possível seguir inteiramente esse processo em suas diversas fases.

A nova substância astral estranha, provinda de um mundo estelar totalmente desconhecido da humanidade, principiou a penetrar-lhe o santuário da cabeça. Uma vez que se trata de uma

---

[5]Rijckenborgh, J. van; Petri, C. de. *A veste-de-luz do novo homem.* Jarinu: Lectorium Rosicrucianum, 2008.

substância astral, pode-se imaginar que, em muitos seres humanos, ideias estranhas, sim, extremamente preocupantes e perigosas, penetraram esse santuário.

Imaginai: o santuário da cabeça da grande maioria dos seres humanos está inteiramente sintonizado com as tarefas comuns da vida, portanto, com a substância astral do campo de vida dialético comum, por conseguinte, com o nadir da marcha de vida humana.

Quando a substância astral estranha penetra no santuário da cabeça que foi preparado dessa maneira, naturalmente não se trata de uma finalização, ampliação ou elevação do nível de inteligência, de novas faculdades etc. O que se desenvolve então no santuário da cabeça é uma confusão crescente e progressiva, sobretudo quando se tenta reagir aos novos impulsos com as faculdades puramente dialéticas de que se dispõe e com as quais o corpo todo se encontra sintonizado. Pelas várias experiências dos últimos anos podeis verificar facilmente para onde isso levará. Pensai, por exemplo, nos desenvolvimentos extremamente notáveis no domínio da arte, da ciência e da religião. Esse terreno, por si só, já é tão vasto que podemos apenas mencioná-lo.

Ideias e representações peculiares, denominadas arte abstrata, aparecem com frequência cada vez maior. Quanto mais loucas são, mais elogiadas e admiradas. Nelas se mesclam realidade, fantasia, engano e modismo. Assim, pode acontecer, por exemplo, que, sem razão aparente, surja no santuário da cabeça de um ser humano uma combinação prodigiosa de cores, sem forma concreta, e que ele tente pintá-las de alguma maneira. Pode ser que essa combinação de cores no santuário da cabeça esteja em movimento. Seguindo sua fantasia, ele crê ter recebido uma impressão de um ser vivo desconhecido. Se for um modelador hábil ou um escultor, a assim chamada arte abstrata se enriquece com mais uma representação.

As novas concentrações astrais mencionadas acima não afetam apenas a consciência, mas também a totalidade do organismo sensorial, portanto, todos os órgãos que a ele pertencem.

O mesmo deve ser dito com relação ao sistema endócrino. Este também reage às forças e às influências que penetram o santuário da cabeça. Assim, pode resultar um tipo humano muito materialista. Reagindo negativamente a essa influência astral estranha, ele pode distorcer o materialismo histórico de maneira excêntrica e começar, por exemplo, a tagarelar e a teorizar sobre uma divindade hipermaterialista que exerce uma ditadura insensível. Contudo, quando o estado do sistema endócrino de um ser humano dá ensejo a tanto, pode aparecer também, de modo análogo, uma literatura que goteja sordidez e é conscientemente insincera.

Tudo o que se assemelha a isso é, como reação negativa, o resultado da anormalidade imediata causada por essa estranha substância astral, que vem a nós de *Serpentarius* e *Cygnus*. Certamente não podemos esquecer, no tocante a isso, das muitas tortuosidades esquisitas das várias comunidades religiosas, que sentem o terreno fugir-lhes dos pés devido às mesmas influências.

Desnecessário é dizer que essa marcha de desenvolvimento crescerá intensamente em amplitude nos anos vindouros. Contudo, não nos agrada utilizar esta conferência para explicar, com pormenores, tudo o que assim ocorrerá. Vós mesmos o experimentareis, seja pessoalmente, seja muito próximo de vós.

Agora, é melhor dirigir vossa atenção, com ênfase, para o lado positivo desse processo de desenvolvimento, portanto, para o que serve à vossa alegria eterna.

Quando possui, de fato, qualidade de alma, o ser humano empenha-se diariamente em tornar essa posse cada vez mais forte e, assim, entre outras coisas, em purificar e tornar mais positiva a irradiação do fogo serpentino. Disso resulta que o fluido astral se concentra no santuário da cabeça, é purificado e se torna mais radiante, livrando-se inteiramente de todas as influências dialéticas nele existentes. É óbvio que o organismo sensorial e o sistema endócrino se adaptarão a isso. Assim, o organismo inteiro desse ser humano se abre muito mais para um desenvolvimento realmente gnóstico. Quando, então, as radiações de *Serpentarius* e *Cygnus* penetram esse ser humano, não se trata, de forma alguma, de uma marcha de desenvolvimento alucinante ou destrutiva, mas sim de um desenvolvimento muito rápido, positivo e construtivo no novo estado de vida.

Oração final

Que possamos, diariamente,
adquirir maior discernimento
quanto à meta libertadora
da Escola Espiritual, a saber:
permitir que nossa alma mortal
se dissolva na imortalidade. Amém.

Aquele que trilha a senda
do desabrochar da rosa põe
os pés na terra da verdadeira vida.

Existe um morrer na roda
da ordem do espaço e tempo
que é o destino do estado
de alma dialético.
E existe uma endura,
a autorrendição ao reino,

à alma imortal em nós.
É a morte áurea, para a qual
a Fraternidade Universal nos convida,
morte áurea que é como uma ressurreição.

Ó Porta Áurea!
Que possamos todos
ser acolhidos por ti. Amém.

Bênção final

Bem-aventurados aqueles que lavam suas vestes, para que tenham direito à arvore da vida, e possam entrar na Cidade pelas portas.

Eu, Jesus, enviei o meu anjo, para vos testificar estas coisas nas igrejas. Eu sou a raiz e a geração de Davi, a resplandecente estrela da manhã.

E o Espírito e a esposa dizem: vem!
E quem ouve diga: Vem!
E quem tem sede, venha;
e quem quiser,
tome de graça da água da vida. Amém.

Irmãos e Irmãs,
A graça de Cristo esteja com todos vós. Amém.

3

As sete correntes da luz divina

Palavras de abertura

Sabendo que estamos reunidos sob a radiação da sagrada Rosa--Cruz Áurea:

> *Ex Deo nascimur,*
> *In Jesu morimur,*
> *Per Spiritum Sanctum reviviscimus.* Amém.

Possa o novo caminho abrir-se
a todos os que, do âmago de seu ser,
se voltam para o novo reino.
Possam os mistérios da graça
ser desvendados a todos os
que trilham a senda única.

Ó Espírito da Salvação!
Tu atingiste o coração da natureza da morte
e, desse coração, envias tuas radiações
até as mais escuras cavernas.

Tu concede-nos a verdadeira vida,
enquanto ainda tropeçamos nas sombras da noite.

Tu levanta-nos no início da senda
que conduz a teus tesouros,
e assim nos é permitido seguir de cabeça erguida,
através da noite e da névoa,
rumo à liberdade dos filhos de Deus. Amém.

"Se a tua alma sorri
ao banhar-se ao sol da tua vida,
se a tua alma canta
dentro da sua crisálida de carne e de matéria,
se a tua alma chora
dentro do seu castelo de ilusão;
se a tua alma se esforça
por quebrar o fio de prata que a liga ao Mestre:
sabe, ó discípulo,
que a tua alma é da terra." Amém.

Rito

"O aluno-iniciado entra resolutamente no domínio do Espírito. 'Trabalhai, não pelo alimento que perece, mas por aquele que permanece para a vida eterna e que o Filho do Homem vos dará, porque a este o Pai, que é Deus, marcou com seu selo'. Jesus o havia ordenado: a ele só resta obedecer. 'Aquele que crê em mim, ainda que esteja morto, viverá; e todo aquele que vive e crê em mim, nunca morrerá'.

Nem sempre era fácil para o aluno-iniciado compreender imediatamente o grande alcance e o valor espiritual das divinas palavras. Sim, Matheus acabava por compreender bem: o culto... em espírito; o pão do céu... espírito e vida; o espírito-batismo e a eucaristia... celestiais; anúncio do Espírito Santo para completar a revelação. Tudo isso acrescentava, pouco a pouco, ao seu primeiro saber e começava a lhe mostrar o Evangelho cátaro na letra e no espírito.

Ele se via entre os essênios, onde Jesus passou vários anos. Revivia em pensamento aquela vida de retiro e silêncio e fazia comparações importantes e úteis concernentes aos Perfeitos. Os essênios estudavam, com grande cuidado, as virtudes ocultas das plantas e dos minerais; alguns possuíam o dom da profecia; três anos de noviciado para entrar na Confraria; após isso: comunidade das refeições, vestimentas sagradas, orações, silêncio, proibição de jurar, aversão à mentira, humildade, moralidade exemplar; tradição esotérica dos Profetas. E também não lhe escapou: santificação do Espírito, liberdade individual; pela temperança, chegada às abluções; observar os deveres da Ordem; nada trair dos segredos da Ordem. Daí estas conclusões lógicas: liberta dos grilhões do corpo como de uma longa escravidão, a alma levanta vôo com alegria." Amém.[6]

Compreendei, amigos, que a Rosa-Cruz universal tem, em todos os tempos, a missão e a tarefa de apoiar, não importa como nem onde, os verdadeiros esforços libertadores dos seres humanos,

[6]Gadal, A. *No caminho do Santo Graal.* 3. ed. Jarinu: Rosacruz, 2004. cap. IX.

sem perder de vista que a Rosa-Cruz universal, como servidora do Cristo universal, também toma iniciativas de maneira direta.

No antigo e clássico centro dos cátaros, no vale do Ariège, no sul da França, havia e há uma gruta denominada a Gruta do Grão-Mestre.

Quem era esse grão-mestre? Ele não era um cátaro, mas um rosa-cruz! Ele representava a Fraternidade da Rosa-Cruz entre os cátaros. Na medida do possível, ele dava amparo e auxílio, e ligava os cátaros com os que estariam próximos a eles até a eternidade. Contudo, o grão-mestre da Rosa-Cruz, adido à Fraternidade Cátara, jamais se associaria à magia da Igreja.

Magia é sustentar com força determinado objetivo, ou dogma, ou aspiração, a fim de poder exercer assim uma influência sobre os homens. Por isso, para ser utilizada em sentido verdadeiramente divino, a magia deverá ser submetida a leis rigorosas, as quais sempre devem modificar-se, porque o progresso da humanidade assim necessita.

A magia da Igreja está baseada na força cundalini do corpo astral. Como tantas magias, ela baseia-se inteiramente nas forças dos antigos mistérios lunares.

Até o início de nossa era ainda era possível trabalhar, em medida limitada, com o chacra cundalini do corpo astral. Contudo, já naquela época essas práticas foram excluídas pelo ensinamento de Cristo Jesus.

Por isso, há dois mil anos, nenhum rosa-cruz verdadeiro utiliza outra força cundalini senão a do coração, a da alma, porque há dois mil anos essa é a exigência para todos os que querem utilizar a verdadeira magia, isto é, impelir a humanidade a dar nascimento à alma-espírito vivente como tarefa do atual período terrestre. Amém.

Terceira alocução

Como explicamos ontem, as radiações e forças que chegam ao mundo e à humanidade, provindas de *Serpentarius* e *Cygnus,* têm dois efeitos claramente distintos: um efeito negativo e um positivo.

O efeito negativo é determinado pelo próprio ser humano, ou seja, quando ele ainda pertence inteiramente à natureza e vê a dialética como o único objetivo da vida, portanto, quando ele direcionou todos os seus órgãos da inteligência e todo o seu plano de vida para a natureza da morte.

Todavia, o efeito positivo também é determinado pelo próprio ser humano, a saber, quando ele está perfeitamente orientado para o desenvolvimento da alma e, portanto, para libertar-se da natureza da morte. Em tal estado, as radiações de *Serpentarius* e *Cygnus* agem auxiliando, realizando e dinamizando.

Além disso, deveis compreender bem que as radiações de *Serpentarius* e *Cygnus* não trazem nenhuma modificação psicológica nas atividades e intenções do santo Espírito Sétuplo. Ao contrário: elas aceleram essas atividades e intenções! Ora, é notável e tão especial uma força intercósmica intervir na presente época, a fim de acelerar a realização do plano de Deus, de acordo com o seu conselho. Compreendereis, pois, que o fato de a humanidade ter atingido o nadir não diz respeito apenas à nossa terra, porém traz consigo uma reordenação do Universo inteiro. *Serpentarius* e *Cygnus* cuidam dessa reordenação.

Assim, está claro que entramos em um período em que uma decisão é requerida de todos vós. O que há séculos foi profetizado tornou-se realidade, e muitos mensageiros vivenciaram esse processo antes de nós. Agora, vossa resposta deve ser dada. Assim como o Universo viaja com o desenvolvimento do plano de Deus e, evidentemente, cada cosmo dele participa, assim também cada microcosmo é parte integrante dele — de preferência como um participante positivo — senão, como um participante negativo. Por isso, fostes e agora sois duplamente orientados.

Sabeis que Mercúrio é a idéia central desta conferência. Pensamos aqui no caduceu, no bastão serpentino de Moisés, indicado comumente por nós como fogo serpentino, o qual todos devemos utilizar, a fim de poder percorrer o caminho que conduz à meta final. Por isso, a grande tarefa é levar esse sistema do fogo serpentino, que todos possuem, à condição correta.

A base, o sistema-raiz do fogo serpentino, chamado plexo sacro, ou está em ligação com o sistema de força-luz da dialética — indicado simbolicamente como a árvore do conhecimento do bem e do mal, com todas as consequências negativas que isso implica — ou está em ligação com o sistema de força-luz do Espírito Sétuplo universal — indicado simbolicamente como a árvore da vida. A totalidade do processo da descida na natureza da morte até o nadir, processo no qual está contida toda a história do mundo até o momento presente, chega agora ao fim e é substituído por um processo de ascensão, pelo processo da árvore da vida. Por isso, é lógica a pergunta: Dos frutos de que árvore viveis?

O tríplice sistema do fogo serpentino absorve, por assim dizer, mediante seu sistema-raiz — o plexo sacro — todos os materiais de construção, todos os combustíveis de que vosso sistema de vida, vosso microcosmo, tem necessidade e leva-os até as diversas estruturas orgânicas. O órgão central é o santuário da cabeça, de onde todos esses materiais de construção e combustíveis executam sua tarefa, depois de absorvidos pelo plexo sacro.

Para sermos mais exatos, devemos dizer que há sete diferentes correntes de luz divina, das quais o homem deve viver e existir.

São os sete elementos primordiais, chamados pelos antigos de "as sete harmonias". Nos mistérios gnósticos, o candidato deve ser capaz de reagir plenamente a essas sete harmonias. Ele deve possuí-las todas e trazê-las consigo nos sete ventrículos cerebrais, a despensa de seu estado de vida.

No sistema do fogo serpentino ativo no homem verdadeiro penetra um prana fundamental tríplice por meio dessa tríplice árvore da vida. Esse prana é concentrado nos três ventrículos cerebrais superiores; ele é tão fundamental que abre todo o restante do ser às outras quatro correntes de vida.

Contudo, no homem dialético comum atual, em quem os dois canais do simpático não estão ligados por meio do plexo sacro, apenas uma corrente de vida pode entrar da maneira mencionada. Como consequência, somente um único e mesmo alento de vida poderá realizar sua tarefa, evidentemente muito incompleta, nos três ventrículos cerebrais superiores. Fica claro que um distúrbio em semelhante organismo fundamental não somente tornará o homem anormal, mas também diferente do que está determinado no plano, em todos os sentidos e aspectos. Por isso, as forças de *Serpentarius* e *Cygnus* intervieram no momento crítico atual, a fim de que esse desenvolvimento incorreto já não progrida.

Talvez pergunteis: "Então, de que maneira pode ser restaurada a tríade rompida do plexo sacro? Não é isso, então, o que, apesar de tudo, é verdadeiramente fundamental?"

Se quisermos falar de gênese humana original, os três alentos de vida fundamentais devem poder colaborar uns com os outros de maneira perfeita nos três ventrículos cerebrais superiores. Toda a santificação deve originar-se da base do fogo serpentino, da base do bastão serpentino. É por isso que nos referimos ao plexo sacro como a base da santificação. Na doutrina velada dos mistérios, o plexo sacro liga o homem imediatamente com o ponto de partida, com o início da viagem do homem para o nadir — essa longa viagem de milhões de anos pelo rio da vida. Primeiro, a descida ao longo desse rio foi necessária como caminho de experiências, sob a direção da árvore do conhecimento do bem e do mal. Então, segue-se uma marcha igualmente necessária para cima ao longo do mesmo rio, porém agora sob a direção da árvore da vida. Cada ser humano tem de fazer essa dupla viagem apoiado em seu bastão serpentino.

Talvez possais imaginar que, tão logo comece a viagem de volta, a viagem para o alto, a base do fogo serpentino deverá mudar completamente de função e, portanto, de atividade.

Durante muito tempo, a humanidade buscou através da psicologia a solução do tremendo problema: de que maneira o caminho para cima deve ser encontrado.

Havia um grupo com um impulso inextinguível para um comportamento religioso. Havia um grupo com um impulso intenso para a expansão das faculdades intelectuais e uma sede de conhecimento. Havia um terceiro grupo buscando de mil e uma maneiras uma solução, mediante o desenvolvimento de uma vida desenfreada de ações.

Pode-se perguntar: como é possível que em tal organismo complicado possa surgir o anseio de restabelecer o que foi danificado, de libertar-se da roda do nascimento e da morte? Cedo ou tarde, esse anseio surge do coração do homem, do santuário do coração, o qual está ligado de maneira estreita com os três ventrículos cerebrais superiores e no qual, além disso, se encontra a sede do homem espiritual. Sabeis que isso é correto. Sabeis do átomo original, o botão de rosa, enclausurado no coração. Quando o ser humano foi atingido duramente e por longo tempo pelos golpes do destino, isto é, pelos golpes das forças elementares, ele ouve, em dado momento, uma voz estranha falar no coração. É a voz dos que chegaram ao término de um processo de vida, que, salvo alguma exceção, provou ser completamente inútil. É o resultado de esforços infrutíferos, de muito empenho no plano horizontal.

Esse resultado negativo tem poderoso efeito no estado sanguíneo humano, e em semelhante estado de sangue pode surgir um grito de auxílio das profundezas do coração. É a voz da Esfinge, quase soterrada nas areias do deserto. É a voz que clama e implora por libertação. Ora, quem responde a essa voz com temor a Deus, devoção e autorrendição – e não se revolta enraivecido por causa de todas as resistências dialéticas encontradas na vida, mas segue a senda que lhe foi indicada há tanto tempo – demonstra ser capaz de restabelecer o tríplice fogo serpentino.

Mediante o aumento da vibração, os dois cordões do fogo espiritual espinal separados um do outro são religados um ao outro no plexo sacro. Assim, o processo de circulação, durante tanto tempo perturbado e que ligara o homem à terra, será completamente restabelecido. Desse momento em diante, no santuário da cabeça, os três ventrículos cerebrais superiores poderão ser de novo preenchidos com os três raios fundamentais do Espírito Sétuplo, com consequências maravilhosas.

No sexto ventrículo cerebral, por exemplo, encontra-se a famosa glândula pineal, a epífise. Quando ela receber de novo seu alimento divino original, coisas grandiosas acontecerão na vida do aluno.

Talvez seja bom, a título de preparação, dar uma indição breve dos aspectos da atividade do fogo serpentino que ainda serão explicados. Entre outras coisas, a pineal opera como gerador atômico no sistema humano. Com isso queremos dizer que na pineal e por meio dela são determinados a natureza, a estrutura e o ser do átomo que constroi a personalidade. Os átomos que compõem o corpo têm certa qualidade. Embora provenham da mesma substância-raiz, os átomos de todos os homens são totalmente modificados em natureza e vibração após seu contato com a pineal. Portanto, é evidente que a pineal será estimulada a uma atividade inteiramente nova, tão logo a atividade circulatória do fogo serpentino seja restabelecida e os três raios fundamentais do Espírito Sétuplo possam preencher com suas radiações os três ventrículos cerebrais superiores. Esse gerador atômico produzirá novos átomos, átomos diferentes, distribuindo-os pela totalidade do ser. Compreendereis que a consequência será a transfiguração.

No *Testamento espiritual da Fraternidade da Rosa-Cruz* é mencionado o sexto castiçal, que deverá ser aceso. O sexto castiçal é o sexto ventrículo cerebral, onde se encontra a pineal. Portanto, inflamar o sexto castiçal como rosa-cruz significa:

1. entrar em novo processo de vida;
2. ingressar em novo desenvolvimento mundial, no qual a mão direita segura com firmeza o bastão do fogo serpentino restaurado;
3. estar absolutamente em condição de galgar o caminho de volta, o caminho para cima, no presente vivo;
4. iniciar a transfiguração, estando no mundo, mas já não sendo do mundo.

Epílogo

O aluno da Escola Espiritual da Rosacruz Áurea liga-se do imo ao mais elevado cumprimento do dever, tanto segundo a matéria como segundo a alma e o espírito. Esse cumprimento do dever significa, portanto: conhecer o dever, desejá-lo de coração e realizá-lo com grande alegria. Esse conhecimento, desejo e realização têm relação, entre outras coisas, com a compreensão absoluta das elevadas leis da verdadeira gênese humana e das relações mútuas entre as ondas de vida. Qualquer anormalidade com relação a isso está em contradição com a vontade de Deus e deverá ser totalmente erradicada.

O aluno da Escola Espiritual moderna compromete-se à absoluta honestidade consigo mesmo, com os outros, com Deus. O aluno não hesitará em viver em completa autorrenúncia segundo a alma e o corpo. Autorrenúncia significa a entrega consciente que um ser humano, impelido pelo verdadeiro amor, faz à comunidade grupal. Autorrenúncia significa a libertação da alma. "Quem quiser perder a sua vida por amor a mim, esse a encontrará." Amém.

Benção Final

Irmãos e Irmãs,
para quem possui uma vontade pura
despontou o tempo de tornar-se outra vez
um ser humano verdadeiro
no real sentido da palavra.
Sob a luz da estrela flamejante,
ser-vos-á concedida a honra especial
de ser libertado segundo a alma.
O divino Mestre disse certa vez:
"Eu sou o Alfa e o Ômega".
Ele vos guiará no Caminho das Estrelas. Amém.

4

A FUTURA REVOLUÇÃO INTERCÓSMICA

Abertura

Unidos na força de radiação da sagrada Rosa-Cruz:
Graça, amor e paz sejam multiplicados em vós
pelo conhecimento de Deus, na santificação pelo Espírito,
em obediência e em ligação, segundo o sangue,
a Jesus, o Senhor. Amém.

Nisto se manifestou o amor de Deus para conosco: que Deus enviou seu Filho unigênito ao mundo, para que por ele vivamos. Nisto conhecemos que estamos nele, e ele em nós, pois que nos deu do seu Espírito. Amém.

Prólogo

> "Em nome de Deus, o protetor do Universo: Este mundo material daqui de baixo, ó alma, é a morada dos desejos insaciados, do medo, da indignidade e da aflição; no alto se encontra o mundo do Espírito, do repouso, inacessível

ao medo, que testemunha de uma dignidade e de uma alegria elevadas. Tu vês esses dois mundos, tu vives nesses dois mundos. Faze agora uma escolha de acordo com tua experiência. [...]

Nasceste, ó alma, de certo tronco e desse tronco és um ramo. Por mais afastado do tronco que o ramo esteja, sempre haverá uma ligação ou um ponto de contato entre o tronco e o ramo. Tu recebes teu alimento do tronco. Se alguma coisa se interpõe entre o tronco e o ramo, a ligação e a nutrição são interrompidas, e o ramo secará e morrerá.

Reflete sobre isso, ó alma, e comprova em ti mesma que estás destinada a retornar ao Criador. Ele é o tronco de onde cresceste. Despoja-te das sujeiras e dos fardos do mundo material, de modo que desapareça tudo aquilo que te impede de retornar ao mundo superior que te é próprio, o tronco, a origem que é a tua."[7] Amém.

Rito

"O que o rosa-cruz da Idade Média vivenciava ao observar os processos da natureza é uma ciência sagrada. A disposição ao sacrifício espiritual, as grandes alegrias, os grandes acontecimentos naturais, bem como a dor e a tristeza, os fatos que o elevavam e faziam feliz, todas essas experiências pelas quais passava tinham sobre ele um efeito redentor e libertador. Agora, porém, tudo isso

[7]Trismegisto, H. *Do castigo da alma.* 2. ed. Jarinu: Lectorium Rosicrucianum, 2010. p. 26 e 27.

repousa nos subterrâneos mais íntimos do ser humano, onde foi colocado naquela época.

Como podemos, agora, redescobrir essas forças ocultas que, naquela época, levavam à visão etérica? Encontramo-las por meio da completa dedicação à vida interior da alma mediante [...] meditação e concentração sérias. [...]

Então, no futuro, embora no início isso aconteça apenas a poucos, as pessoas vivenciarão a experiência de Paulo a caminho de Damasco: a percepção do Cristo etérico, que aparecerá à humanidade de modo suprassensorial. Antes disto, porém, o ser humano deverá voltar, outra vez, à contemplação espiritual da natureza [...].

Enquanto não houver passado por esse processo interior, possível apenas por meio da ciência espiritual, o ser humano não poderá chegar a essa contemplação espiritual. Pelo acontecimento do batismo no Jordão, quando Cristo desceu no corpo de Jesus de Nazaré, e pelo mistério do Gólgota, a humanidade adquiriu a faculdade de ver e vivenciar mais tarde o Cristo no corpo etérico — e isto ainda em nosso milênio [...].

Cristo caminhou sobre a terra somente uma vez em um corpo físico. É preciso poder compreender isso! A volta de Cristo significa: vê-lo no corpo etérico de modo suprassensorial.

Por conseguinte, todos os que almejam trilhar o caminho de desenvolvimento correto deverão conquistar a faculdade de ver com o olho espiritual. Para a humanidade não seria progresso algum se Cristo tivesse de aparecer mais uma vez em um corpo físico. Será no corpo etérico que ele se manifestará da próxima vez.

O que as várias confissões religiosas puderam dar foi reunido por Cristão Rosa-Cruz e pelo Colégio dos Doze. Por essa razão, tudo o que cada religião deu, o que seus fiéis almejaram e ardentemente aguardaram, será encontrado no impulso de Cristo. O desenvolvimento dos próximos três milênios será: criar e fomentar o entendimento do impulso de Cristo.

A partir do século XX, todas as religiões serão unidas no mistério da Rosa-Cruz. Isso será possível no decorrer dos próximos três milênios, porque já não haverá necessidade de ensinar a humanidade por meio do conteúdo de documentos. Mediante a contemplação de Cristo, a humanidade aprenderá a compreender a experiência que Paulo vivenciou a caminho de Damasco. A própria humanidade passará por essa experiência de Paulo."[8] Amém.

Quarta alocução

Como pudemos explicar, desde a origem dos tempos existe um desvelo universal divino com o mundo e a humanidade, uma atividade que estamos habituados a designar como Espírito Santo Sétuplo. Segundo o plano que se encontra na base do Universo, é esse Espírito Santo que impulsiona a humanidade, passo a passo. Enquanto a humanidade aceitar essa direção da parte de Deus e a psique humana estiver inteiramente sintonizada com ela, tudo correrá bem. No entanto, é evidente que um período muito

[8]Steiner, R. *Das esoterische Christentum und die geistige Führung der Menschheit* (O cristianismo esotérico e a direção espiritual da humanidade). Dornach: Verlag der Rudolf Steiner-Nachlassverwaltung, 1962. p. 76.

perigoso surgirá, pois o ser humano se tornou cada vez mais consciente e as várias estruturas orgânicas do corpo aproximam-se do auge de seu desenvolvimento. Deverá evidenciar-se, durante esse período, se o ser humano está em condição de assumir, em certa medida, o comando da própria vida, de seu futuro desenvolvimento. De acordo com a intenção do Logos, o ser humano deverá ser guiado nesse período por sua confiança em Deus, sua compreensão da manifestação universal e sua vontade livre. Assim como um recém-nascido em dado momento deve aprender a andar sozinho, do mesmo modo, em passado recente, a humanidade ingressou em um período semelhante, no qual a liberdade tem de ser exercitada e desenvolvida como uma qualidade humana absoluta.

Compreendeis que esse período deverá estar sob rigorosa supervisão intercósmica. Se necessário, deverá haver uma intervenção enérgica, porque ele sempre é altamente perigoso, não apenas para a própria onda de vida, como também, sobretudo do ponto de vista intercósmico, para a ordem universal, para o inteiro campo de criação. Por isso vemos aparecer, em nosso época, *Serpentarius* e *Cygnus,* para neutralizar ou prevenir numerosos perigos para o mundo e a humanidade, para o sistema solar e o Universo todo. Sem dúvida podeis compreender isso.

Contudo, deveis compreender também que acontecimentos muito estranhos ocorrerão tanto na terra como em nossa circunvizinhança. Por isso dissemos que, devido a essa intervenção intercósmica, neste critério dos nossos tempos, muitos fenômenos atmosféricos estranhos se manifestarão, e surgirão também distúrbios respiratórios. Todas essas influências atmosféricas terão, entre outras coisas, um efeito poderoso sobre as faculdades sensoriais do ser humano. Especialmente sobre a visão, que passará a perceber tanto exterior como interiormente. A nova faculdade sensorial, que se tornará ativa incidentalmente, perceberá muito do que estava oculto e invisível até agora, por assim dizer, por trás de um alto muro. Os habitantes da esfera refletora e também o ambiente onde se encontram são um exemplo.

Sob as mesmas influências, o campo de irradiação boreal de nosso planeta deverá revelar seus mistérios, velados até agora. Dessa maneira, os habitantes dos domínios situados sob a superfície terrestre se tornarão visíveis e conhecidos, uma vez que seu curso de vida também será completamente alterado pela revolução intercósmica que afetou a terra. Entre outras coisas, isso se produzirá por meio de várias erupções vulcânicas, que modificarão radicalmente tanto o interior da terra como o aspecto exterior da superfície terrestre e dos mares.

Um aspecto bem distinto desse desenvolvimento mundial totalmente novo — que deve ser visto como a transformação do caminho de descida até o nadir em um caminho para o alto, para a casa do Pai — é o início de uma relação intercósmica entre os habitantes dos planetas e de outros corpos celestes. Habitantes de outros planetas virão visitar-nos e ensinarão muitas coisas, das quais a humanidade ainda não tem nenhuma noção.

Abordamos todos esses aspectos do futuro próximo somente sob o ponto de vista profético. Os aspectos científicos e técnicos não são de nossa competência.

Pela primeira vez na história mundial, diante dos olhos de todos os que para isso estiverem abertos, ou puderem ser abertos, tornar-se-á manifesta e visível a santa e sagrada Fraternidade das Almas Imortais, da qual já falamos muitas vezes:

> "E as duas testemunhas ouviram grande voz vinda do céu, dizendo-lhes: Subi para aqui. E subiram ao céu numa nuvem, e os seus inimigos as contemplaram. Naquela

hora, houve grande terremoto, e ruiu a décima parte da cidade, e morreram, nesse terremoto, sete mil pessoas, ao passo que as outras ficaram sobremodo aterrorizadas e deram glória ao Deus do céu. Passou o segundo ai. Eis que, sem demora, vem o terceiro ai.

O sétimo anjo tocou a trombeta, e houve no céu grandes vozes, dizendo: O reino do mundo se tornou de nosso Senhor e do seu Cristo, e ele reinará pelos séculos dos séculos. E os vinte e quatro Anciãos que se encontram sentados no seu trono, diante de Deus, prostraram-se sobre o seu rosto e adoraram a Deus, dizendo: Graças te damos, Senhor Deus, que és e que eras, porque assumiste o teu grande poder e passaste a reinar. Na verdade, as nações se enfureceram; chegou, porém, a tua ira, e o tempo determinado para serem julgados os mortos, para se dar o galardão aos teus servos, os profetas, aos santos e aos que temem o teu nome, assim aos pequenos como aos grandes, e para destruíres os que destroem a terra.

Abriu-se, então, o santuário de Deus, que se acha no céu, e foi vista a Arca da Aliança no seu santuário, e sobrevieram relâmpagos, trovões, terremoto e grande saraivada."[9] Amém.

É claro que dois grupos humanos se distinguirão claramente nessa revolução:

Em primeiro lugar, o grupo dos que já tinham compreendido o objetivo da vida e estavam ocupados em sintonizar-se com ele, em

---

[9]Apocalipse, 11:14–19.

ajustar-se a ele, como, por exemplo, a Comunidade Internacional do Lectorium Rosicrucianum; e os que não estão completamente fechados por efeito de uma vida ruim na matéria, cujos olhos, pelo choque da mudança das coisas, abrem-se agora pela primeira vez; os que também podem abrir-se agora, por possuírem força de amor colocada em prática, porque a força de amor efetua essa abertura; e também os que, mediante uma disposição religiosa e pura, podem encontrar agora o elo perdido, o qual tinham perdido no antigo caminho de vida. Todos eles, em conjunto, formarão o material adequado, a base para uma verdadeira falange sacerdotal, para uma Escola Interna que os conduzirá a uma nova comunidade humana, uma comunidade de verdadeiros cristãos, cujo estado de fé estará baseado em bondade, verdade e realidade, em comunhão direta com a Hierarquia de Cristo.

Em segundo lugar, o grupo dos que, de alguma maneira, estão danificados psiquicamente. Esse grupo é imensamente grande e compõe-se de muitos milhões de seres humanos:

1. com enorme peso cármico e que já vêm ao mundo seriamente danificados segundo a personalidade;
2. cujo santuário da cabeça está gravemente danificado por suas práticas mentais e intelectuais;
3. cuja corrupção moral é tamanha que todo o sistema endócrino, o organismo sensorial e o santuário do coração estão depravados de tal modo que uma única vida não bastaria para restabelecê-los;
4. que, falando de modo geral, seja por sua religião natural, seja por sua ciência, seja por meio de suas obras artísticas, cometeram pecados tão grandes contra toda a humanidade que simplesmente não podem ser expiados.

Esses seres humanos também devem ser auxiliados. Eles são julgados, como diz a Bíblia. No entanto, esse julgamento não é um castigo, como o considera o homem burguês, mas sim uma terapia, com a qual se tenta auxiliá-los e curá-los, sem que o restante da humanidade sofra dano por isso.

Para tanto, todos esses tipos humanos serão transferidos pelo Logos para regiões que lhes são especialmente destinadas, onde não poderão prejudicar o restante da humanidade por seu compartamento. Como sabeis, o mundo inteiro, com toda a humanidade, constitui atualmente um grande hospital, um grande asilo para os psiquicamente perturbados, e já não existe, de fato, lugar suficiente para todos serem ajudados. Pode-se dizer também a esse respeito que as coisas degringolaram de vez. Portanto, é evidente que, também em relação a isso, *Serpentarius* e *Cygnus* intervirão na ordem universal dos acontecimentos.

Em nosso próximo serviço esperamos poder explicar como essa intervenção se efetuará.

Epílogo

> "Assim como o sol é a alegria dos que buscam a sua luz, assim a minha alegria é o Senhor, pois ele é o meu sol. Seus raios ressuscitaram-me dentre os mortos, e sua luz dispersou de minha face todas as trevas. Por sua graça adquiri olhos e vi seu santo dia. Recebi ouvidos e compreendi a sua verdade. Recebi a faculdade de sondar a sabedoria. E nele me regozijo. Abandonei o caminho do erro. Caminhei até ele e recebi dele a salvação em abundância. Segundo a grandeza de sua bondade ele a deu a mim e tratou-me conforme sua régia clemência.

Graças a seu nome, revesti-me da incorruptibilidade e, pela sua graça, despi a corrupção. A morte desapareceu diante de minha face; e a vida imortal surgiu diante de mim na terra do Senhor. Ela foi revelada a seus fieis e dada sem reserva a todos os que nele confiam."[10] Amém.

Bênção Final

Quando um aluno ou servidor, a serviço da Fraternidade da Vida, nega a Escola Espiritual da jovem Fraternidade gnóstica por medo do futuro, o reflexo disso no fogo serpentino é funesto para a irradiação da Gnosis. Amigos, professai, mediante ação clara, vosso discipulado, em todas as circunstâncias. Então a Gnosis se mostrará como o único caminho para a libertação da alma.

Irmãos e Irmãs, que a força de irradiação plena de graça de Cristo esteja com todos vós. Amém.

---

[10] Odes de Salomão, XV:1–10.

5

O testemunho da *Confessio Fraternitatis R.C.*

Abertura

Que, por vossa orientação e vossa concentração na Gnosis e sua graça, a força-luz possa ser assimilada da única maneira correta, a fim de que experimenteis plenamente sua influência purificadora. Amém.

Prólogo

> "Assim digo para que ninguém vos engane com raciocínios falazes. Pois, embora ausente quanto ao corpo, contudo, em espírito, estou convosco, alegrando-me e verificando a vossa boa ordem e a firmeza da vossa fé em Cristo. Ora, como recebestes Cristo Jesus, o Senhor, assim andai nele, nele radicados e edificados e confirmados na fé, tal como fostes instruídos, crescendo em ações de graças. Cuidado que ninguém vos venha a enredar com sua filosofia e vãs sutilezas, conforme a tradição dos homens,

conforme os rudimentos do mundo e não segundo Cristo; porquanto, nele, habita, corporalmente, toda a plenitude da Divindade. Também, nele, estais aperfeiçoados. Ele é o cabeça de todo principado e potestade.

Nele, também fostes circuncidados, não por intermédio de mãos, mas no despojamento do corpo da carne, que é a circuncisão de Cristo; tendo sido sepultados, juntamente com ele, no batismo, no qual igualmente fostes ressuscitados mediante a fé no poder de Deus que o ressuscitou dentre os mortos.

E a vós outros, que estáveis mortos pelas vossas transgressões e pela incircuncisão da vossa carne, vos deu vida juntamente com ele, perdoando todos os vossos delitos."[11] Amém.

Rito

"Ninguém, pois, vos julgue por causa de comida e bebida, ou dia de festa, ou lua nova, ou sábados, porque tudo isso tem sido sombra das cousas, que haviam de vir; porém o corpo é de Cristo.

Ninguém se faça árbitro contra vós outros, pretextando humildade e culto dos anjos, baseando-se em visões, enfatuado, sem motivo algum, na sua mente carnal, e não retendo a cabeça, da qual todo o corpo, suprido e bem vinculado por suas juntas e ligamentos, cresce o crescimento que procede de Deus. Se morrestes com Cristo para os rudimentos do mundo, por que, como se vivêsseis no

[11] Epístola aos Colossenses, 2:4–13.

> mundo, vos sujeitais a ordenanças: 'não manuseies isto, não proves aquilo, não toques aquiloutro', segundo os preceitos e doutrinas dos homens? Pois que todas estas coisas, com o uso, se destroem. Tais coisas, com efeito, têm aparência de sabedoria, como culto de si mesmo, e de falsa humildade, e de rigor ascético; todavia, não têm valor algum contra a sensualidade.
>
> Portanto, se fostes ressuscitados juntamente com Cristo, buscai as coisas lá do alto, onde Cristo vive, assentado à direita de Deus. Pensai nas coisas lá do alto, não nas que são aqui da terra; porque morrestes, e a vossa vida está oculta juntamente com Cristo, em Deus.
>
> Quando Cristo, que é a nossa vida, se manifestar, então, vós também sereis manifestados com ele, em glória. Fazei, pois, morrer a vossa natureza terrena: prostituição, impureza, paixão lasciva, desejo maligno e a avareza, que é idolatria; por estas coisas é que vem a ira de Deus".[12] Amém.

Na Primeira Epístola aos Coríntios, capítulo 15, Paulo diz que se semeia em corrupção, desonra e fraqueza, porém o que é elevado, gerado, transmutado, é incorruptibilidade, magnificência e força.

O que acontece quando se trilha verdadeiramente a senda libertadora? Trabalha-se para formar e construir um corpo-alma de grandes e eternas qualidades espirituais. Quando se descobre que neste mundo não pode ser encontrado nem um só lugar onde possa existir serenidade, paz e segurança, liberdade e felicidade; quando se compreendeu que tanto as coisas reais como as irreais podem ser denominadas ilusões, então, na vida humana pode

[12]Epístola aos Colossenses, 2:16–20 e 3:1–6.

chegar a hora em que irrompe um anseio por um bem diferente, um bem superior.

Portanto, quem segue semelhante aspiração e a escuta põe os pés na senda do renascimento da alma. É a senda que leva aos campos de vida da bem-aventurança e serenidade eternas. No ensinamento secreto dos semitas se fala do Palácio do Amor. Os gnósticos falam da Plenitude da Luz Eterna, os budistas chamam-no Nirvana, e os cristãos, o Reino dos Céus.

Contudo, antes de se compreender a senda libertadora, o caminho da vida da alma deve ser precedido pela rendição consciente da consciência-eu à Plenitude da Luz Eterna — uma autorrendição pela qual, como diz a Bíblia, ninguém pode sofrer dano. Por isso, quem ganha a alma encontra o Espírito.

Todavia, a alma não pode alcançar a morada da bem-aventurança se não for realizada a união com a substância da qual ela proveio. A intuição baseia-se na faculdade da alma de conhecer perfeitamente a plenitude divina do Universo, que se manifesta para e em cada átomo das sete regiões cósmicas. Essa manifestação é a essência do Espírito, com a qual a alma se une por meio de suas faculdades intuitivas e da qual ela vai viver e ser. Por isso, podemos compreender tão bem a advertência contida em um antigo escrito hermético: "Pobre da alma que, a seu esposo divino, o Espírito, prefere o matrimônio mundano com seu corpo terreno".[13]

Sabe-se que reina grande confusão no mundo sobre a noção e a essência do Espírito. Seja como for, verifica-se acima de tudo que o ser humano apenas pode celebrar a união com o Espírito mediante o nascimento da alma imortal. Todos nós somos convidados pela Fraternidade da Vida a celebrar essa festa, a festa da endura, a festa pela qual ninguém pode sofrer dano.

---

[13]Citação do *Livro das chaves,* um texto egípcio.

A doutrina budista da salvação ensina: "Trilha essa senda e põe fim ao sofrimento. Na verdade, a senda te foi predicada por mim, que descobri como devem ser curadas as feridas das flechas do sofrimento. Entretanto, tu mesmo tens de curá-las".

No Evangelho de Mateus, capítulo 7, versículos 13–14, e capítulo 4, versículo 19, lemos: "Entrai pela porta estreita [...] porque estreita é a porta, e apertado o caminho que leva à vida [...] Vinde após mim".

Oramos por vós: segui esse caminho estreito e, das agitadas correntes da vida, deixai-vos guiar para a alegria, a paz e a serenidade da vida alma-espírito. Possam vossos pensamentos sobre o caminho fortalecer-vos e fazer-vos perseverar. Utilizai as horas do dia: aproveitai o tempo! Amém.

Quinta alocução

Podeis imaginar que essa revolução humana e mundial tão complicada e completa, da qual vos falamos, terá uma série imensa de consequências e mudará integralmente o aspecto do nosso mundo. Por isso, antes de chegarmos a uma visão global, vamos tentar estudar alguns detalhes com os quais todos nós, em maior ou menor medida, temos alguma ligação.

Primeiro vamos lançar um olhar ao campo da religião natural, ao campo das igrejas e seitas. Portanto, ao campo de vida dos que acreditam ter encontrado o fundamento da vida religiosa no texto literal da Bíblia ou em outras escrituras sagradas, e sobre elas construíram sua ciência, sua teologia.

É um conhecimento puramente acadêmico, com base no qual, ao longo dos séculos, inúmeros seres humanos foram ensinados. Com a ajuda desse conhecimento, professores, doutores e outros instrutores orientam-nos na vida presente e futura. Certamente não queremos negar o conhecimento intelectual desses eruditos. Aprofundar-se no conhecimento das línguas antigas e naquilo que se relaciona com elas requer imenso esforço e formidável inteligência, pelos quais devemos ter grande respeito.

No entanto, aprofundar-se, por exemplo, no grego, no latim, no hebraico etc., decifrar a escrita cuneiforme, a hieroglífica, ou outra, talvez leve o homem para mais perto do que se pensou e filosofou no passado. Isso permite compará-lo com o modo de pensar do homem atual, porém não nos aproxima nem um passo sequer da grande e absoluta realidade.

Graças ao imenso trabalho e à busca diligente de muitos eruditos, o passado oferece nesse vasto terreno, sem dúvida, muitas coisas belas e, em geral, magníficas para ler ou nelas aprofundar-nos. Contudo, repetimos: tudo isso não nos aproxima um milímetro sequer do que a clássica filosofia chinesa denomina Tao.

Também é preciso levar em conta que todo esse antigo conhecimento das gerações passadas foi registrado de maneira muito velada, ou muitas vezes envolvido em um manto simbólico impenetrável, ou traduzido de maneira errada, seja de modo intencional, seja por outros motivos.

Um grande medo foi a causa fundamental de tudo isso. Conheceis os costumes em voga de nossos "santos" pais: qualquer desvio da concepção de fé de determinado período era punido com a morte ou outras atrocidades. Assim, pode-se verificar que a verdade sempre foi proclamada como era vista em determinado momento. Por isso, sempre era apenas uma pequena parcela da verdade, pois a verdade não pode ser conhecida pela mente, pelo intelecto. Isso é absolutamente impossível.

Existe também outra razão para isso. Desde a manifestação do Universo, sempre houve progresso no andamento das coisas; este não deve ser considerado como uma mudança contínua, porém, um constante prosseguir em direção a determinado objetivo.

Uma abordagem puramente intelectual, de algum período do passado, talvez possa proporcionar certo conhecimento sobre o pensamento e o comportamento desse período. No entanto, de modo algum isso proporciona conhecimento da verdade única, que tudo abrange, e de seu princípio, progresso e meta.

Para isso é necessário um estado de alma vivente, isto é, um fogo serpentino purificado e plenamente desenvolvido. Isso significa: um estado veicular que alcançou completo desenvolvimento para o período no qual agora vivemos e estamos, no qual agora ingressamos.

O estado veicular do período em vias de terminar tornou-se muito antiquado. Nesse período, a posse de uma faculdade intelectual experiente, com todas as suas trivialidades acadêmicas, era o objetivo máximo, cobiçado por todos. No entanto, ingressamos agora em um período em que o santuário da cabeça, em sua totalidade, deve estar preparado para um caminho de desenvolvimento muito distinto. Para tanto são necessários forças e princípios eletromagnéticos bem diferentes do que foi o caso até o momento.

Agora que o caminho da humanidade até o nadir está em vias de converter-se em subida, e por isso entramos em novo período, torna-se necessária e muito, muito urgente, uma conversão total da intelectualidade no desenvolvimento da alma-espírito, por causa da sobrevivência.

Sempre continua a ressoar pelo mundo o clamor: instrução, instrução! Não temos nenhuma objeção contra isso, contanto que a instrução permaneça apenas nos limites do absolutamente necessário. Agora ainda ouvimos pais e mães falar: "Minha filha, meu filho, ainda deve prestar apenas *um* exame, e então... então terá atingido a meta"! Qual seria essa meta não se diz, porque não se sabe. Isso ainda será verificado. Para o "eu" duro como pedra, a ilusão da meta mais elevada era e é passar nos exames, de preferência com louvor.

Sem dúvida, dizemos algo penoso de ouvir para muitos dos que, entre nós, receberam instrução universitária, possuem diplomas e acreditam ter atingido o alto da escada. Contudo, certamente cairão dela devido ao desenvolvimento agora iniciado. No entanto, amigos, tudo isso é dito para que, nos tempos que se aproximam, desenvolvais vossas possibilidades, sem dúvida brilhantes, de modo totalmente diferente.

Olhai ao vosso redor: em que se transformou o nosso mundo neste momento? No campo político, econômico e social? Não é uma grande ruína, com túmulos fumegantes de incontáveis mortos e feridos ao redor? Inúmeros estão danificados de modo irrecuperável em seu desenvolvimento corporal – e incontáveis são os psiquicamente perturbados!

Os demais seres humanos, ainda considerados com boa saúde, são obrigados a respirar em uma atmosfera totalmente poluída e envenenada. Além disso, milhões de seres vivem em um solo totalmente ressecado onde quase morrem à míngua.

Por isso, com essa realidade diante dos olhos, podeis imaginar a necessidade incontestável de as forças de *Serpentarius* e *Cygnus* intervirem para salvar este mundo tão gravemente danificado e arruinado, porque se trata de reparar os numerosos danos infligidos:

1. acima da terra;
2. sobre a terra;
3. debaixo da terra;
4. e no interior da terra.

Durante todos esses processos de restabelecimento, a parte da humanidade que ansiosamente anela pelas verdadeiras novas possibilidades aguardará o grandioso momento em que aparecerão a salvação, a força e a realeza de nosso Deus e o poder de seu Ungido. Assim, os que adquiriram a consciência da alma despertarão da embriaguez causada pela taça cheia de veneno e soporíferos. Então, ao raiar do dia, alegres e jubilosos, e com o coração aberto, a cabeça descoberta e descalços, eles irão ao encontro do sol nascente, da nova aurora.

Esse testemunho da *Confessio Fraternitatis R.C.* aplica-se de modo muito apropriado aos acontecimentos vindouros e foi endereçado outrora a todos os sábios da Europa e de outros lugares, e, notai bem, a todos os que têm sede da verdadeira sabedoria.

Agora, dirigimo-nos novamente a vós, supondo que também pertençais aos que têm sede da verdadeira sabedoria, e queremos dizer, após tudo o que pudemos informar nesta quinta Conferência de *Aquarius:*

Lede uma vez mais a *Confessio Fraternitatis R.C.* e refleti seriamente sobre sua mensagem. Então conhecereis completamente e, se Deus quiser, compreendereis a intenção e os objetivos da Fraternidade da Rosa-Cruz, tanto no passado como no presente.

Os rosa-cruzes dizem ser necessário um esforço razoável para fazer alguém acreditar no que ainda é invisível. No entanto, quando o que anunciamos logo se manifestar à plena luz do dia, muitos se sentirão envergonhados pelas dúvidas que tiveram. Em todo caso, sabemos, com certeza, que nós "no futuro anunciaremos em alta voz o que agora ainda proferimos de modo encoberto e vacilante. Que todos vós possais desejar conosco, de todo o coração, que isso aconteça o mais cedo possível".

Em que gênero de pessoas poderemos encontrar seres humanos realmente sedentos por verdade, no sentido dos rosa-cruzes?

Podemos responder a essa pergunta: em primeiro lugar, entre os que nasceram de pais puros e deram a seus filhos uma educação digna, empenhando-se para não forçá-los mentalmente sob nenhum aspecto. Nesse gênero de pessoas desperta um anseio sincero pela vida libertadora, uma abertura para as verdadeiras soluções de seus problemas de vida. Muitos consideram um problema difícil, em um tempo como o nosso, uma educação verdadeira e psiquicamente responsável para seus filhos. Justamente agora, por o mundo ter chegado ao fim do antigo período e a grande mudança já ter-se anunciado, eles sentirão o peso da grande responsabilidade.

Nosso conselho para eles é: afastai-vos, tanto quanto possível, do comportamento habitual da humanidade, a qual, sem refletir nem compreender, segue os passos e os exemplos dos que, mediante sua vida, se ligam à terra. Guiai vossos filhos, falando-lhes muito sobre o novo dia, que está próximo. Um incomensurável desejo, uma esperança profunda e sincera, uma fé inabalável vos ajudarão muito nesse caso.

Juntai-vos, agora, o mais rápido possível, caso ainda não pertençais a ele em sentido realmente positivo, ao grupo dos que são indicados como os verdadeiramente decididos, a verdadeira falange sacerdotal gnóstica. Esse grupo também estará em condição de receber o auxílio de *Serpentarius* e *Cygnus,* os quais, devido à sua força de irradiação e sua intervenção em benefício da humanidade, fazem o coração e a cabeça se tornarem, de modo muito especial, sensíveis ao novo tempo. Quando a alma desses seres humanos se desenvolver de modo verdadeiro, seu fogo serpentino poderá ser visto como um verdadeiro guia na vida, graças a uma força de radiação especial; um guia muito mágico, com uma influência extremamente poderosa. Apenas quem pode reconhecer a grande importância da posse desse guia obterá uma vitória completa. Ele é o precursor, o mensageiro do novo e verdadeiro caduceu, o bastão que triunfa sobre tudo e todos. É esse bastão que desejamos e rogamos para todos vós.

Epílogo

Os que vivem da alma-espírito
caminham nessa luz irradiante.
Eles põem-se a caminho
para sustentar os peregrinos
e oferecer-lhes toda a sua ajuda,
à qual tanto aspiram.
Com penoso esforço,
sofrimento e dor de alma,
eles envolvem todos os buscadores
com o manto de luz da Gnosis,
que, brilhando, revela de duas maneiras
a verdade única.
Vivenciar essa luz múltipla,
na imensa força do amor,
é encontrar a espada do Espírito,
que aguarda o verdadeiro buscador. Amém.

Benção Final

Deus é amor. E quem permanece nesse amor, permanece em Deus, e Deus nele. Irmãos e Irmãs, que a graça, o amor e a força de Jesus Cristo, nosso Senhor, venham sobre todos vós e estejam com todos vós! Amém.

Biografia dos autores

J. van Rijckenborgh (1896–1968)

Foi em Haarlem, Holanda, em 1896, numa família de orientação cristã, que nasceu Jan Leene, que adotou mais tarde o nome de J. van Rijckenborgh. Em 1924, com seu irmão Zwier Willem Leene, assentou as primeiras bases para uma verdadeira comunidade espiritual de libertação para a nova era: a *Casa Sancti Spiritus.*

Durante a Segunda Guerra Mundial, de 1940 a 1945, quando a Escola da Rosa-Cruz foi fechada pelas forças de ocupação e seu trabalho foi proibido, ele se aprofundou no *Corpus hermeticum,* nos escritos dos maniqueus e dos gnósticos, e na história dos cátaros. Os diversos ensinamentos desses escritos por ele encontrados levaram-no de volta à linguagem velada e simbólica dos manifestos rosa-cruzes.

Em 1956, no sul da França, com Catharose de Petri, ele encontrou o senhor A. Gadal, o guardião do legado espiritual dos cátaros. Dessa época em diante, a revelação do tesouro espiritual dos cátaros uniu-se à Escola da Rosacruz Áurea.

"O renascimento do homem animal em homem espiritual", que, em sua juventude, ouviu de H. de Hartog, não é, portanto, para J. van Rijckenborgh, nenhuma filosofia, porém uma necessária e pura ação. Esse renascimento até o estado de homem espiritual é trazido por meio de um processo, onde nenhum passo pode ser negligenciado. Assim J. van Rijckenborgh mostrou com a sua experiência que essa é uma senda que deve ser trilhada pela própria pessoa. Em sua Escola ele, até seu falecimento em 1968, explicou e esclareceu esse caminho a seus alunos, de todas as maneiras possíveis, lançando mão de antiquíssimos textos gnósticos.

Catharose de Petri (1902–1990)

H. Stok-Huyzer, mais tarde conhecida como Catharose de Petri, nasceu em 1902 em Roterdã. Pouco se conhece de seus primeiros anos de vida, pois ela era extremamente discreta e pouco relatava ou compartilhava sobre si mesma, porém, o que se sabe com segurança é que desde muito jovem estava consciente de ter uma missão espiritual em sua vida. Portanto, não é de surpreender que, em 1930, aos 28 anos, ela tenha se dedicado integralmente à sua missão, com o sr. J. van Rijckenborgh, de quem foi a mais importante colaboradora espiritual. Para ela, era evidente que nenhuma igreja cristã podia trazer uma verdadeira renovação religiosa para o autêntico pesquisador espiritual.

Ao lado do sr. J. van Rijckenborgh, ela dedicou toda a sua vida à construção da sétupla Escola Espiritual da Rosacruz Áurea "começando do nada", como dizia. Como parte desse trabalho eles escreveram livros, em conjunto e individualmente. Entre essas obras, em que explicam antigos textos gnósticos para o homem da atualidade, destacam-se as seguintes: *Os segredos da Fraternidade da Rosa-Cruz* (Análise esotérica do testamento espiritual da Ordem da Rosa-Cruz), *A Gnosis original egípcia, A Gnosis Chinesa,* e *Os mistérios gnósticos da Pistis Sophia.*

Catharose de Petri era também extremamente ligada à Fraternidade dos cátaros e escreveu alocuções nas quais esclarece o trabalho espiritual dos cátaros e seu legado material e imaterial.

Livros de autoria de J. van Rijckenborgh

- O advento do novo homem
- Análise esotérica do testamento espiritual da Ordem da Rosa-Cruz
  - Vol. I: O chamado da Fraternidade da Rosa-Cruz
  - Vol. II: Confessio da Fraternidade da Rosa-Cruz
  - Vol. III: As núpcias alquímicas de Christian Rosenkreuz - t.1
  - Vol. IV: As núpcias alquímicas de Christian Rosenkreuz - t.2
- Christianopolis
- Filosofia elementar da Rosacruz moderna
- A Gnose em sua atual manifestação
- A Gnosis original egípcia - tomos I, II, III e IV
- A luz do mundo
- O mistério da vida e da morte
- O mistério das bem-aventuranças
- O mistério iniciático cristão: Dei Gloria Intacta
- Os mistérios gnósticos da Pistis Sophia
- Não há espaço vazio
- Um novo chamado
- O Nuctemeron de Apolônio de Tiana
- O remédio universal

Livros de autoria de Catharose de Petri

- 24 dezembro 1980
- O Verbo Vivente

Série das Rosas

- Transfiguração · Tomo I
- O selo da renovação · Tomo II
- Sete vozes falam · Tomo III
- A Rosacruz Áurea · Tomo IV

Livros de autoria de J. van Rijckenborgh e Catharose de Petri

- O apocalipse da nova era
  - A veste-de-luz do novo homem · Série Apocalipse, vol. I
  - A Fraternidade Mundial da Rosa-Cruz · Série Apocalipse, vol. II
  - Os sinais poderosos do conselho de Deus · Série Apocalipse, vol. III
  - A senda libertadora da Rosa-Cruz · Série Apocalipse, vol. IV
  - O novo caduceu de Mercúrio · Série Apocalipse, vol. V
- Série Pedra Angular
  - O caminho universal
  - A Fraternidade de Shamballa
  - A Gnosis universal
  - A grande revolução
  - O novo sinal
- A Gnosis chinesa
- Reveille!

Karl von Eckartshausen

- Algumas palavras do mais profundo do ser
- Das forças mágicas da natureza

Mikhail Naimy

- O livro de Mirdad

Antonin Gadal

- No caminho do Santo Graal

Série Cristal

- 1 - Do castigo da alma
- 2 - Os animais dos mistérios
- 3 - O conhecimento que ilumina
- 4 - O livro secreto de João
- 5 - Gnosis, religião interior
- 6 - Rosacruzes, ontem e hoje
- 7 - Jacob Boehme, pensamentos
- 8 - Paracelso, sua filosofia e sua medicina atemporais
- 9 - O Graal e a Rosacruz
- 10 - A rosa e a cabala

Outros títulos

- O evangelho dos doze santos
- Trabalho a serviço da humanidade
- O caminho da Rosacruz no dias atuais

IMPRESSO PELA GRAPHIUM GRÁFICA E EDITORA · (11) 2769-9056
À PEDIDO DO LECTORIUM ROSICRUCIANUM EM JULHO DE 2013